H

M

J

K

I

Die Illustratorin dankt Stefan Seelig
für seine Mitarbeit.

Die Deutsche Bibliothek – CIP-Einheitsaufnahme
Ein Titeldatensatz für diese Publikation ist bei der
Deutschen Bibliothek erhältlich.

Das Wort BROCKHAUS ist für den Verlag
Bibliographisches Institut & F. A. Brockhaus AG
als Marke geschützt.

Das Werk wurde in neuer Rechtschreibung verfasst.

Fachliche Beratung: Erika Gschwendtner,
Kindertagesstätte Traum Schloss
Lektorat: Anja Fischer
Typographie: Silke Nalbach, Stuttgart
Umschlaggestaltung: Mischa Acker
Herstellung: Claudia Rönsch
Druck und Bindung: Stalling GmbH, Oldenburg
Printed in Germany
ISBN 3-7653-1546-X

Mein erster

BROCK HAUS

Ein buntes Bilder-Abc

6., aktualisierte Auflage

Illustriert von Renate Seelig

F.A. BROCKHAUS
Leipzig · Mannheim

Für erste Entdeckungsreisen

Seit 40 Jahren vermittelt »Mein erster Brockhaus« Wissen und Sachverständnis an die Kleinsten. Generationen von Kindern sind mit diesem bunten Bilder-Abc aufgewachsen und in vielen Familien wurde es zum ersten Lieblingsbuch.

»Mein erster Brockhaus« lädt Kinder und ihre Eltern dazu ein, Bilder gemeinsam zu betrachten, Neues zu entdecken und Vertrautes wiederzuerkennen. Alle wichtigen Begriffe sind abgebildet und regen in ihrer Themenvielfalt zum Geschichtenerzählen an. Mit diesem ersten Lexikon lernen die Kinder ihre Umwelt zu verstehen und Zusammenhänge eigenständig zu erfassen.

Die Illustrationen der Bilderbuchkünstlerin Renate Seelig eröffnen den Blick auf das Wesentliche der Begriffe – und tragen zugleich auch immer ein Geheimnis in sich, das die Fantasie beflügelt.

Mannheim 2002 F. A. Brockhaus

A

Adler

Adventskranz

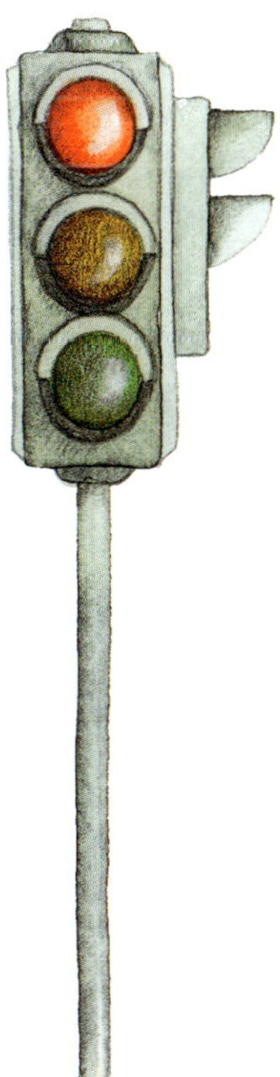

Ampel

Ameisen

Amsel

Affe

Ananas

Anker

Angler

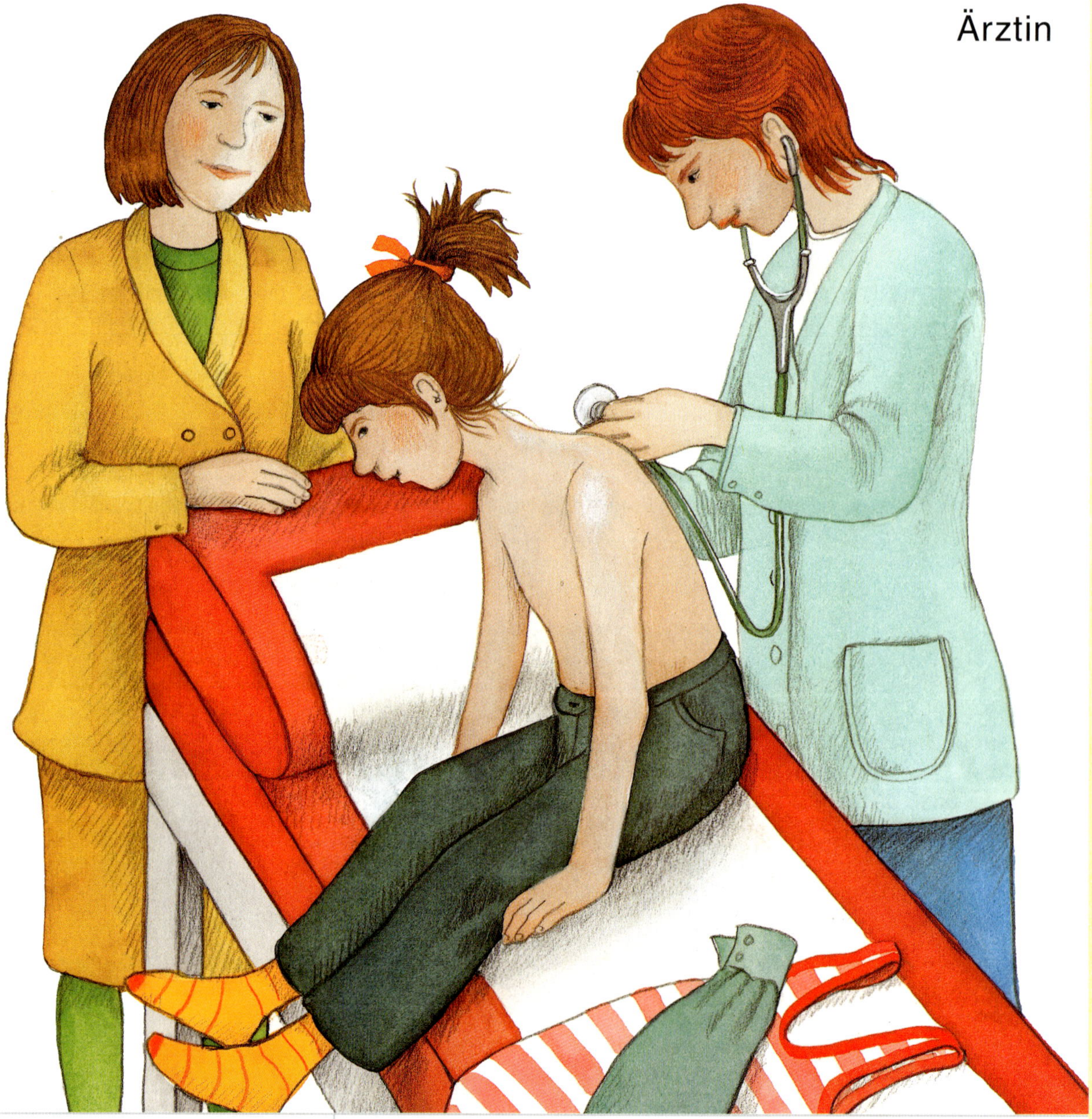
Ärztin

Apfel

Aquarium

Abend

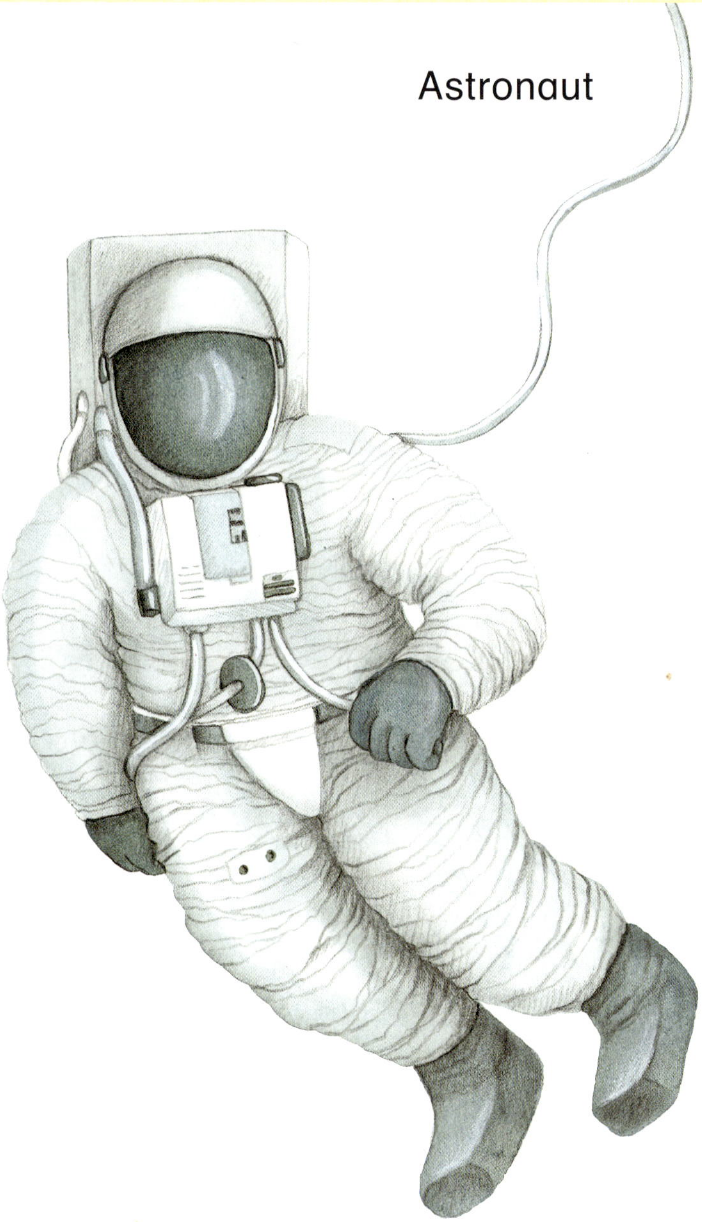

Astronaut

Aufzug

Axt

Auto

Baby

Ball

B

Bank

Ballett

Bäckerei

Bad

Banane

Bauklötze

Bär

Dagger

Bahnhof

Bett

Besen

Baum

Biene

Bauernhof

Baustelle

Biber

Birne

Blatt

Bohnen

Blumentopf

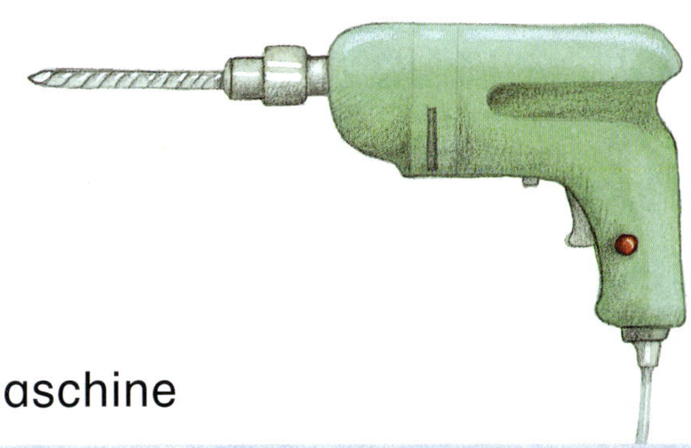

Bohrmaschine

Blumenstrauß

Brief
Briefmarke

Briefträger

Brett

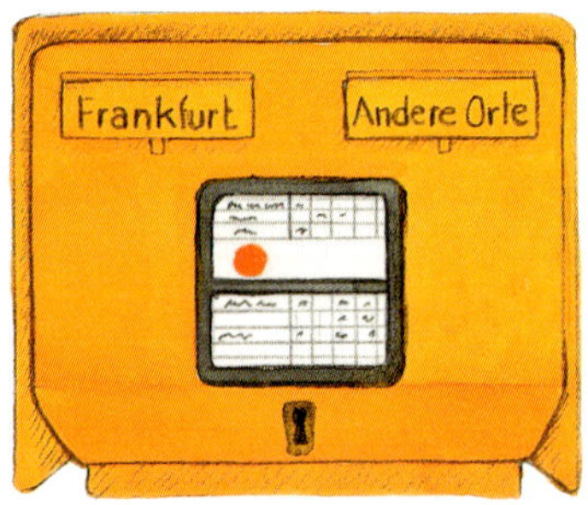

Briefkasten

Boot

Brennnessel

Brille

Brombeeren

Brot

Brücke

Brötchen

Buch

Buchfink

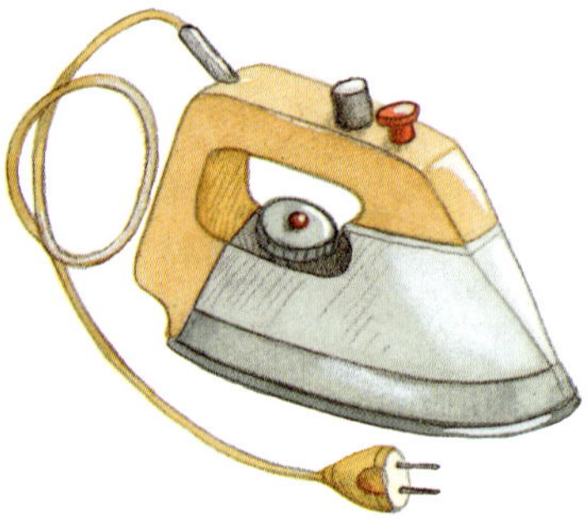

Bügeleisen

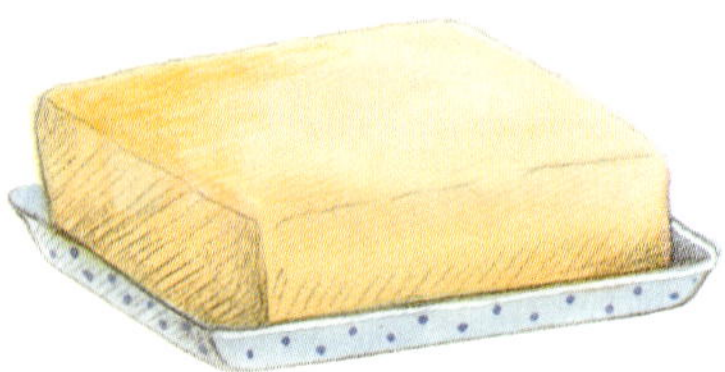

Butter

Bus

Bushaltestelle

Büro

Butterblume

Burg
Berg

C

Cowboy

Creme

Camping

Chamäleon

Clown

Computer

Chor

D

Dose

Delfin

Distel

Dorf

Dach

Dreirad

Dachs

Drache

Dreieck

Drachen

Dinosaurier

E

Edelsteine

Eisbär

Efeu

Eichhörnchen

Ei

Eidechse

Elster

Eichel

Elefant

Eimer

Eis

Ente

Eisenbahn

Erde

Erdbeeren

Erbsen

Erdnüsse

Esel

Essen

Eule

Ernte

F

Fass

Fahrrad

Familie

Fahne

Federbälle

Feder

Federballschläger

Fastnacht

Fenster

Fernglas

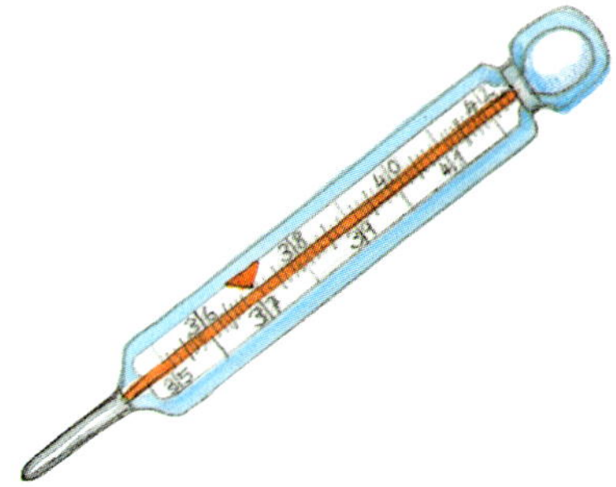

Fieberthermometer

Flasche

Fernseher

Fisch

Flieder

Fliege

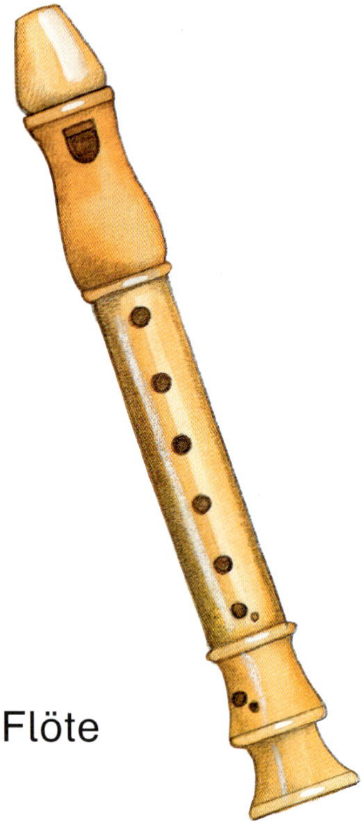

Flöte

Fluss

Fotoapparat

Friedhof

Feuer
Feuerwehr
F644

Flughafen
Flugzeuge

Friseurin

Frosch

Fuchs

Fußball

Frühling

G

Gans

Gabel

Garagen

Gänseblümchen

Geld

Geige

Geschenk

Garten

Getreide

Gießkanne

Glas

Gitarre

Giraffe

Glocke

Goldfisch

Glockenblume

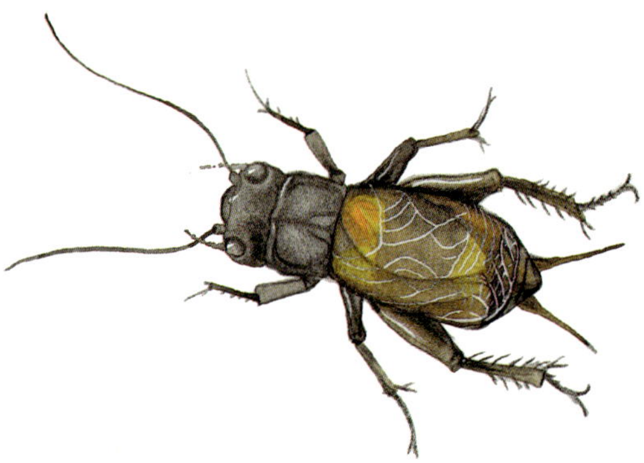

Grille

Glühbirne

Gurke

Geburtstag

H

Haar

Hahn

Huhn

Handtuch

Hagebutten

Hampelmann

Hammer

Hafen
762

Hase

Haselnüsse

Himbeere

Hamster

Hexe

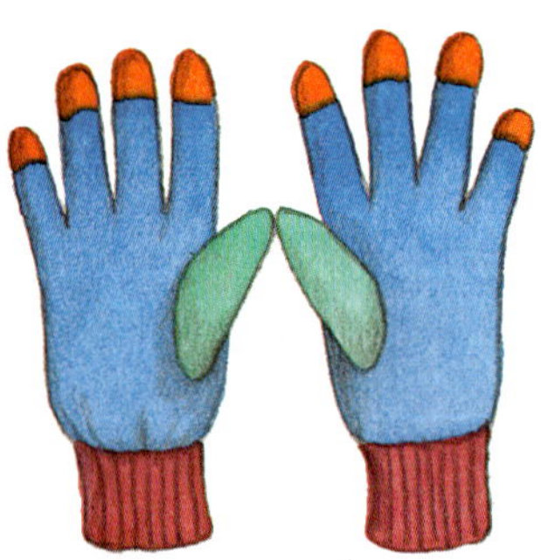

Handschuhe

Heidelbeeren

Heuschrecke

Haus

Herbst

Hirsch

Hochzeit

Hochhaus

Hubschrauber

Hummel

Hut

Hyazinthe

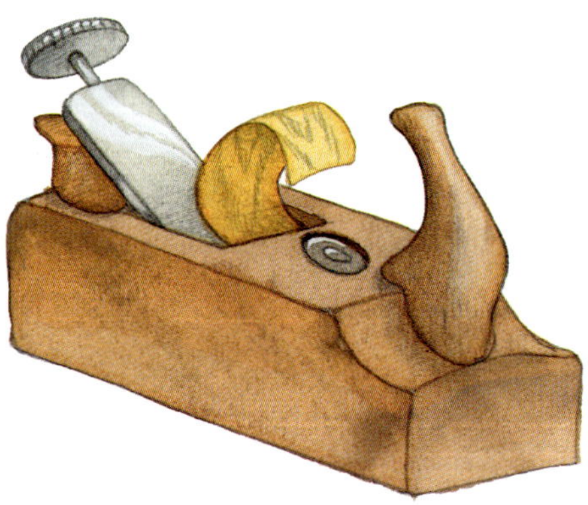

Hobel

Hufeisen

Hunde

I

Iris

Indianer

Igel

Insel

J

Jongleur

Jo-Jo

Johannisbeeren

Judo

K

Kaninchen

Kaktus

Kamille

Kaffeemaschine

Kamel

Känguru

Kamm

Karotte

Kasse

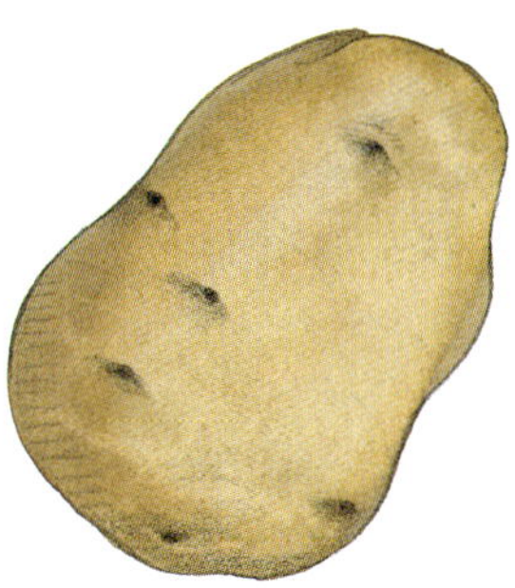

Kartoffel

Käse

Kanarienvogel

Kasperletheater

Katze

Kastanien

Karussell

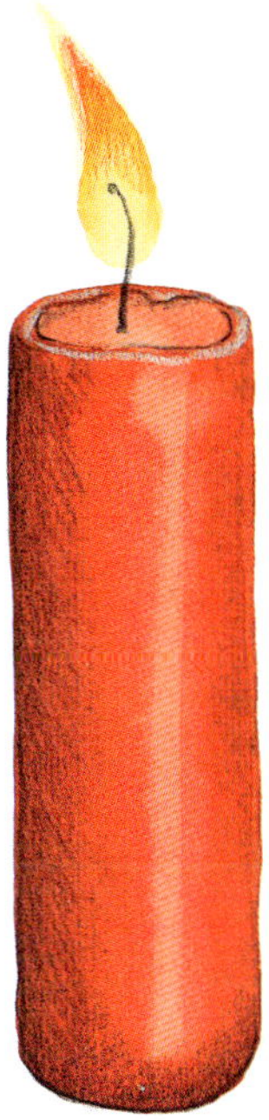

Kerze

Kinder

Kette

Kinderwagen

Kirschen

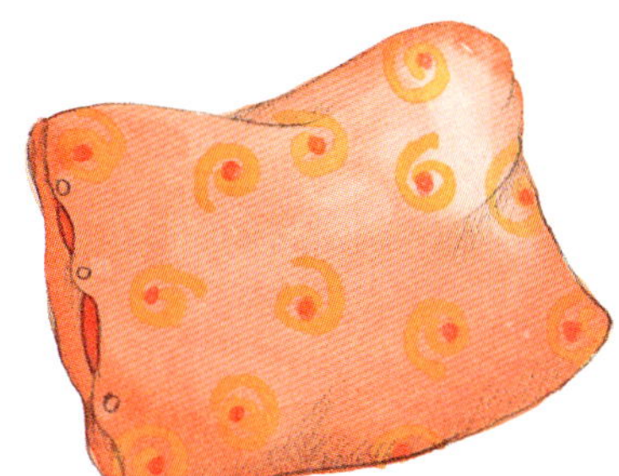

Kissen

Kindergarten

Kiste

Kirche

Klavier

Klee

Kohl

Koffer

Kokosnuss

Knoblauch

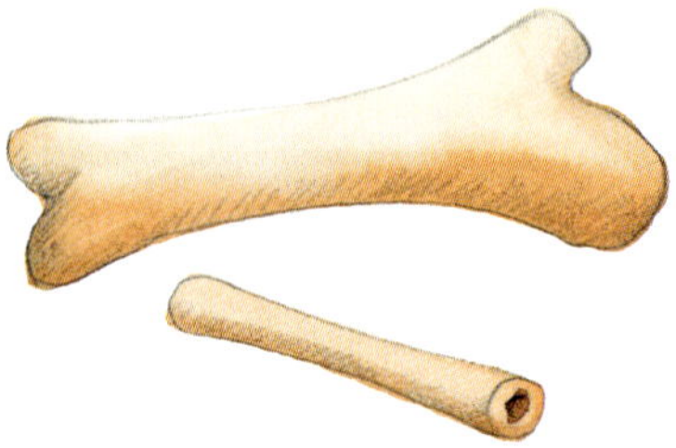

Knochen

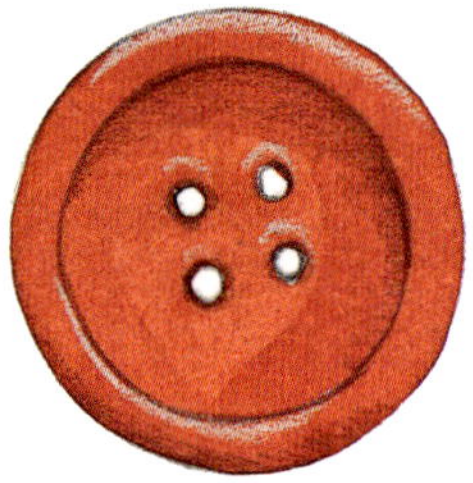

Knopf

König
Königin

Kran

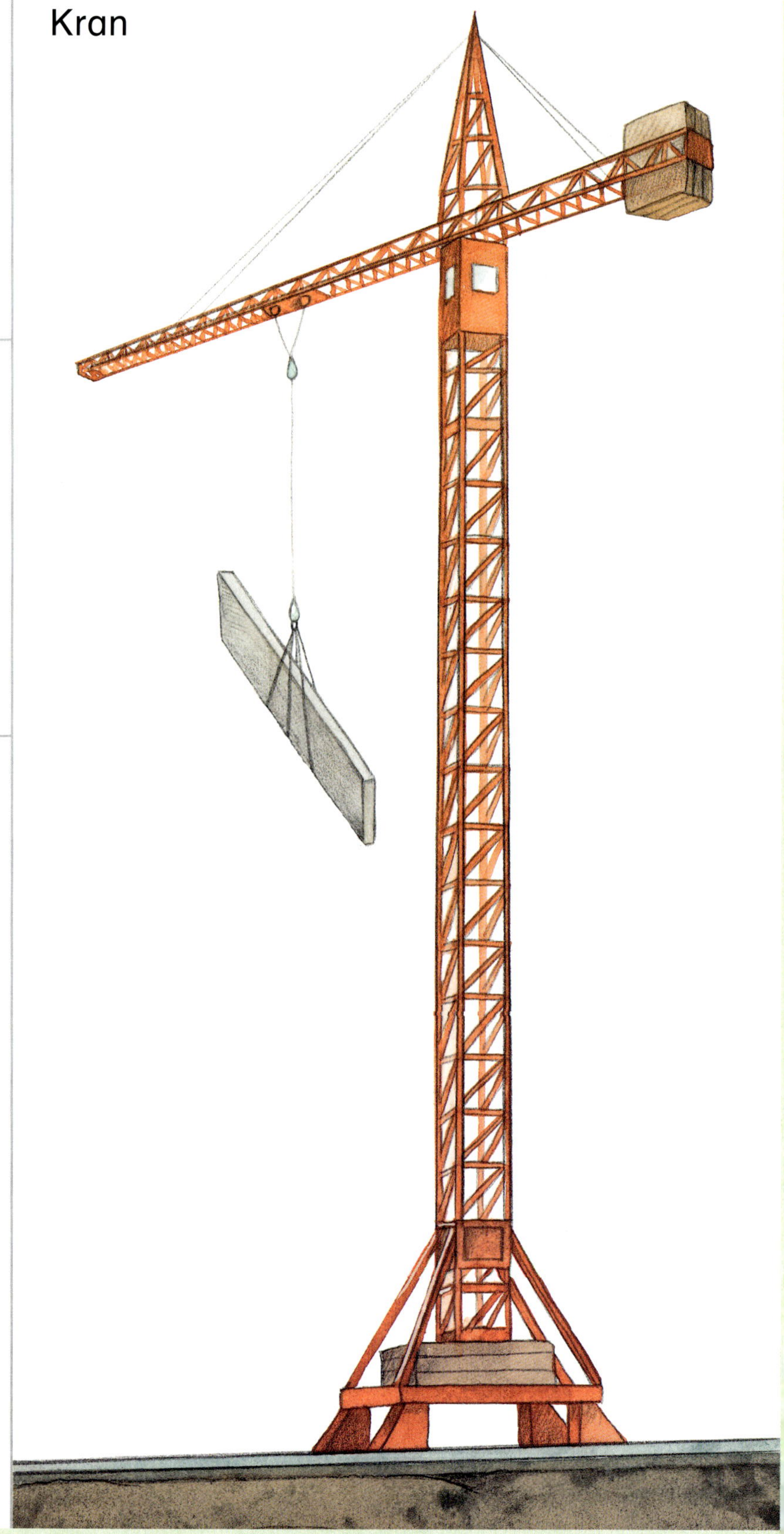

Krankenhaus

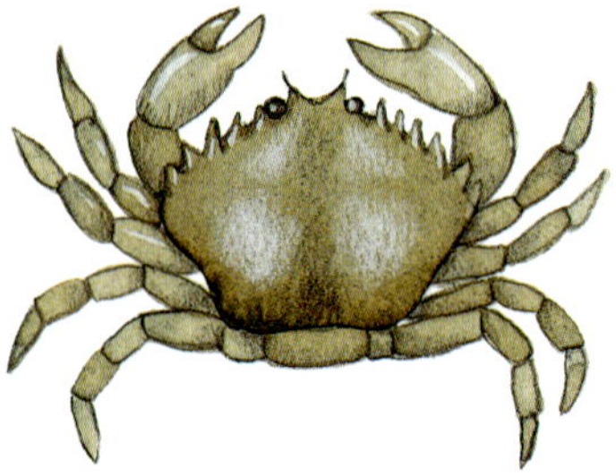

Krebs

Kreis

Kuh

Krokodil

Krokus

Kuchen

Küche
Kühlschrank

L

Lastwagen

Leiter

Laterne

Leopard

Libelle

Lilie

Löwenzahn

Löffel

Leuchtturm

Luftschiff

Lokomotive

Lupe

Lutscher

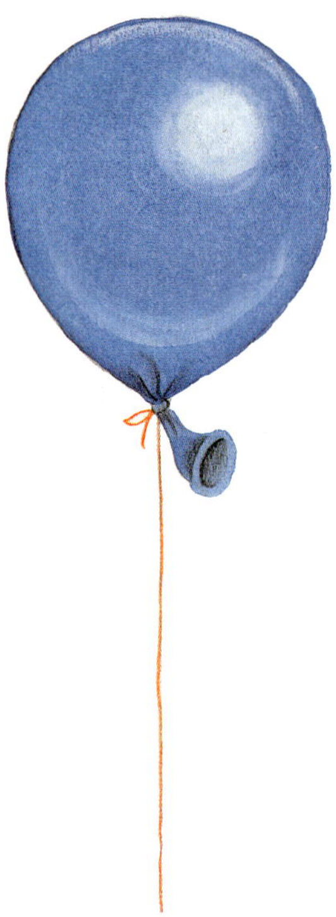

Luftballon

Löwe

M

Maske

Maikäfer

Mandeln

Maiglöckchen

Mais

Maler

Margerite

Marionette

Maus

Maurer

Marienkäfer

Maulwurf

Markt

Melone

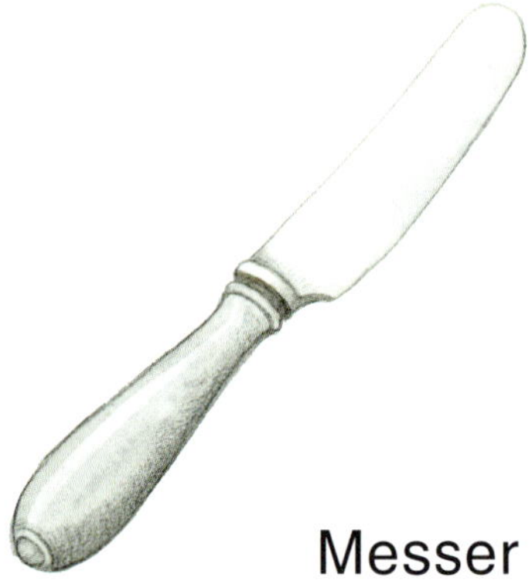

Messer

Mond

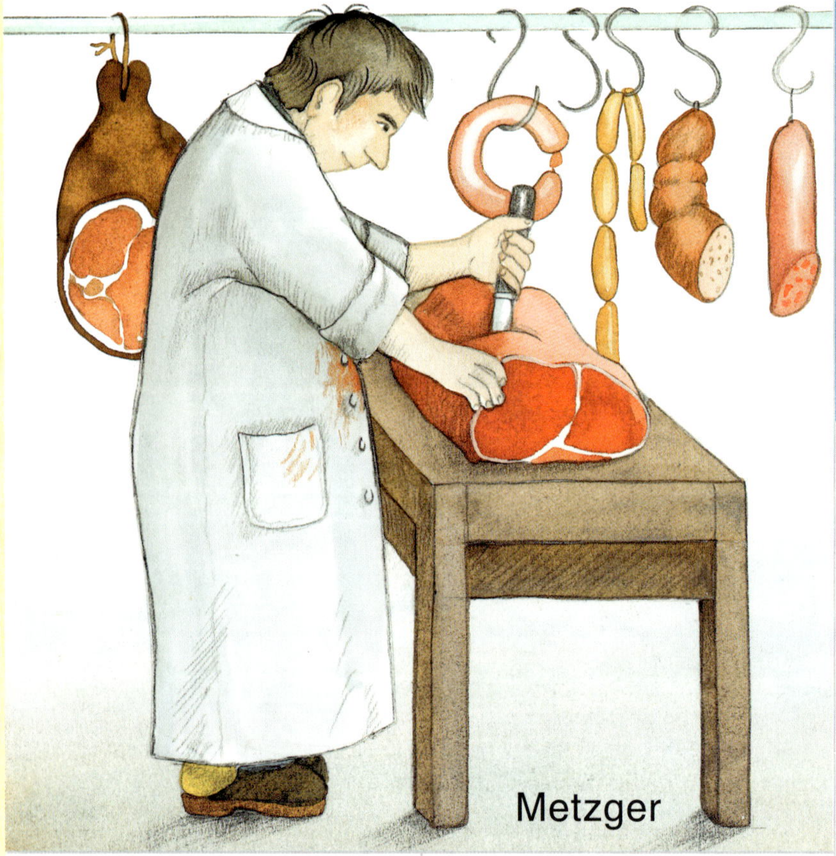

Metzger

Milch

Muscheln

Meerschweinchen

Motorrad

Mücke

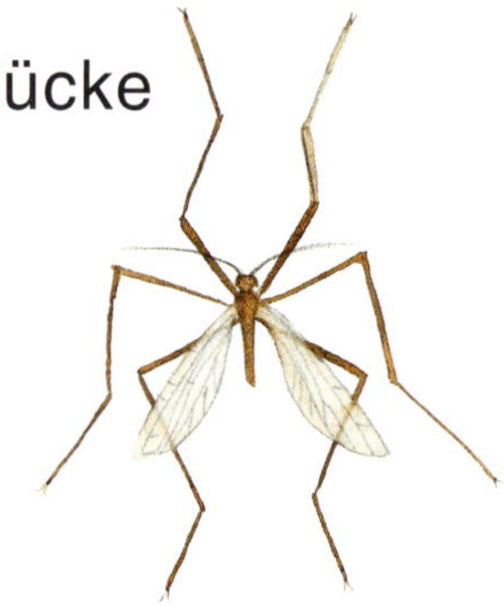

Mütze

Müllauto

Mülltonnen

N

Nachtigall

Nest

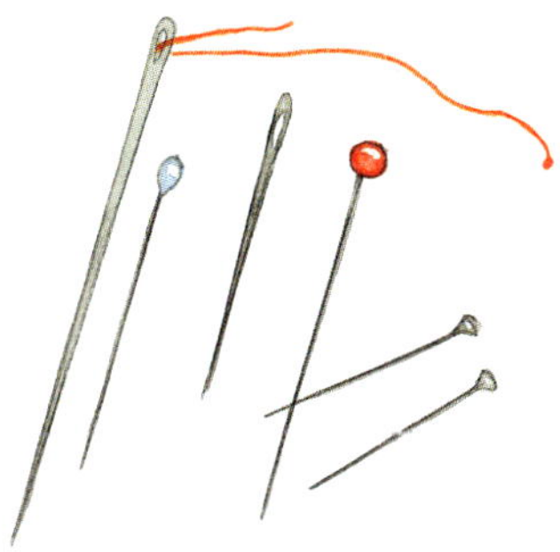
Nadeln

Nixe

Nashorn

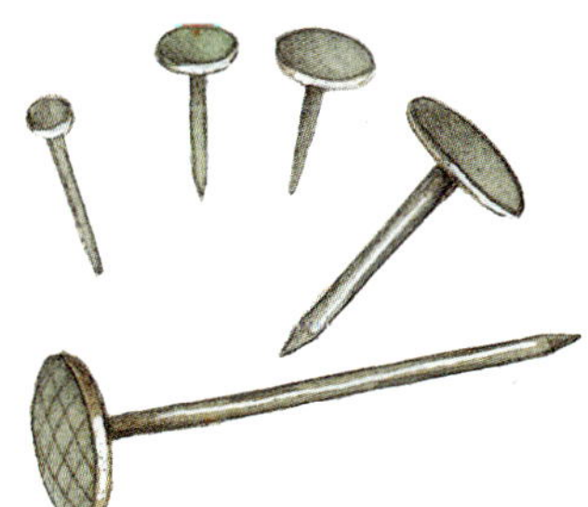
Nägel

Nelke

Nacht

Nudeln

Nussknacker

Nüsse

Nikolaus

Nilpferd

O

Oliven

Osterglocken

Ohrringe

Orange

Oma

Opa

Orang-Utan

Ostereier

P

Palme

Papagei

Paprika

Paket

Pfau

Pfanne

Pfannkuchen

Petersilie

Pfeife

Pflaume

Pilze

Pferd

Pfirsich

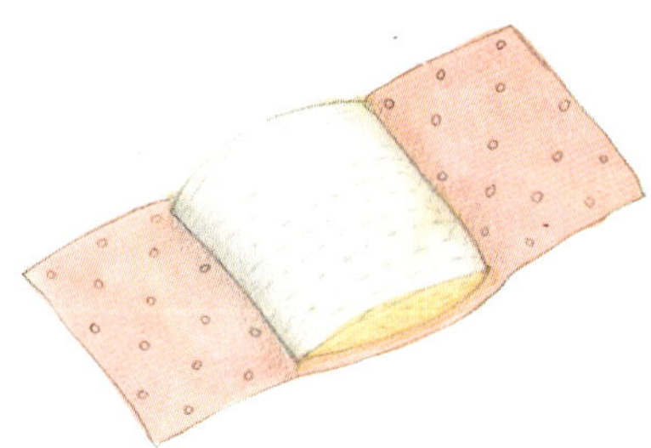
Pflaster

Park

Pinguine

Pudding

Pullover

Pinsel

Polizistin

Puppe

Puzzle

Pommes frites

PAKETE
PÄCKCHEN
POST
LEITZAHLEN

Q

Quadrat

Qualle

Quelle

Quark

Quitte

Rabe

Radieschen

R

Rakete

Radio

Raupe

Regenschirm

Rechteck

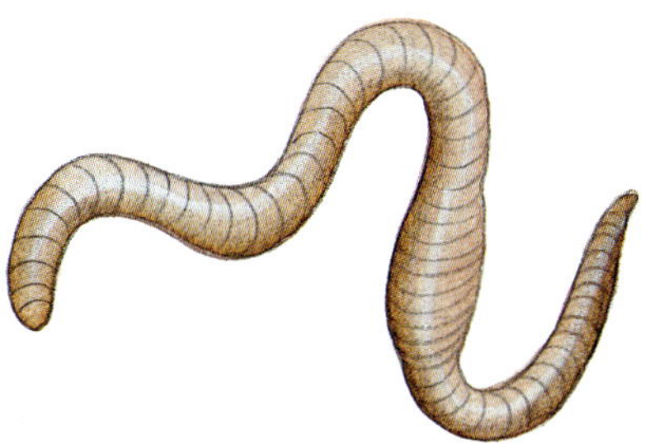

Regenwurm

Reiterin

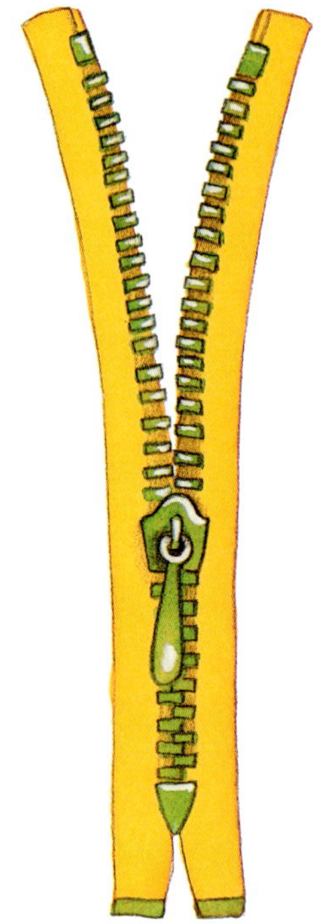

Reißverschluss

Rehe

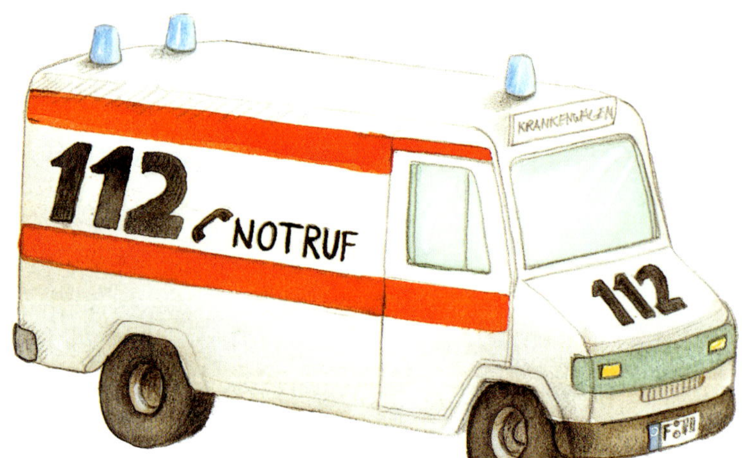

Rettungswagen

Regen
Regenbogen

Ritter

Riese

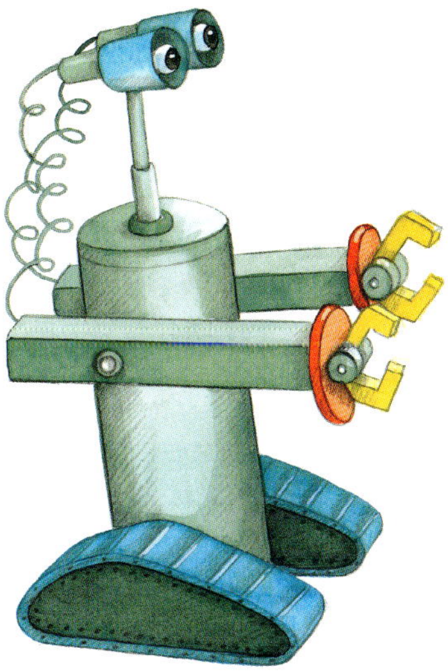

Roboter

Rollschuhe

Rucksack

Rose

Rollstuhl

Rutschbahn

S

Sack

Säge

Salat

Schal

Schaufel

Schaukel

Schaukelpferd

Schiff

Schlitten

Schildkröte

Schere

Schleife

Schlittschuhe

Schloss

Schlüssel

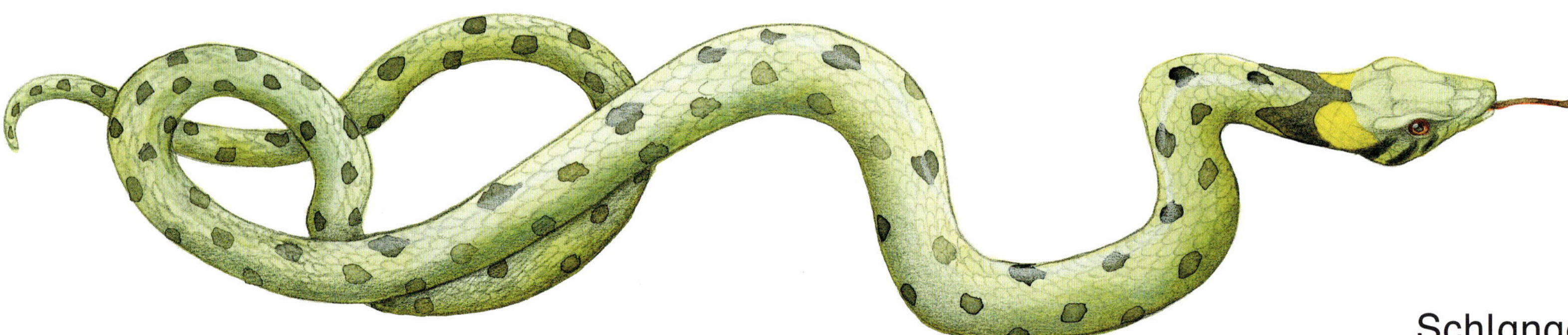

Schlange

Schloss

Schmetterling

Schnecke

Schokolade

Schneeglöckchen

Schneemann

Schnittlauch

Schornstein
Schornsteinfeger

Schranke

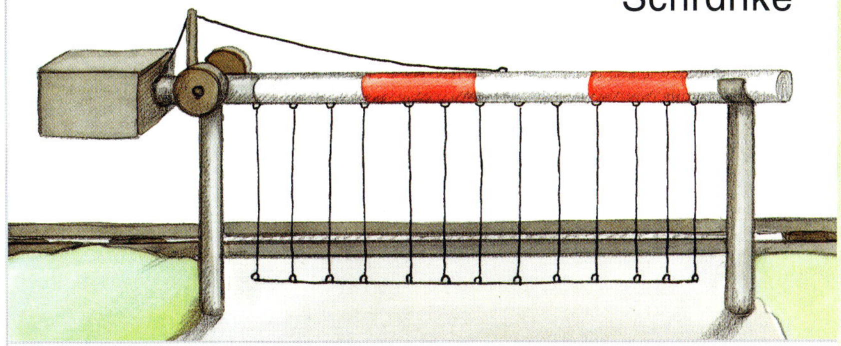

Schrank

Schrauben

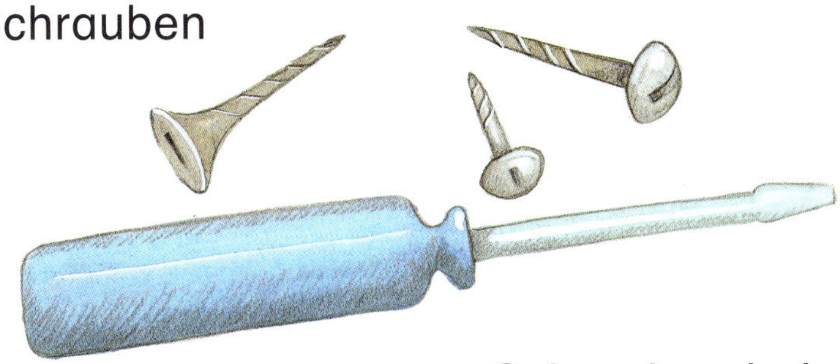

Schraubendreher

Schubkarre

Schulklasse

Schwalbe

Schwamm

Schüssel

Schwan

Schwimmbad

Schwein

Seestern

Seife

Seerose

Seepferdchen

Seehund

See
Segelboot

Skateboard

Seilbahn

Seifenblasen

Sieb

Sessel

Skier

Sofa

Sommer
Sonnenblumen

Spaten

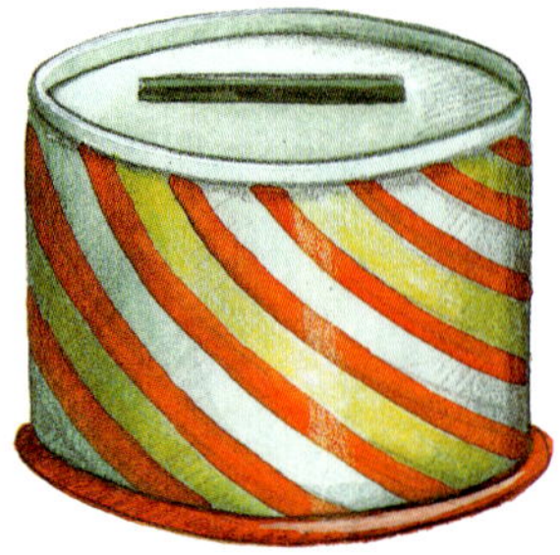

Sparbüchse

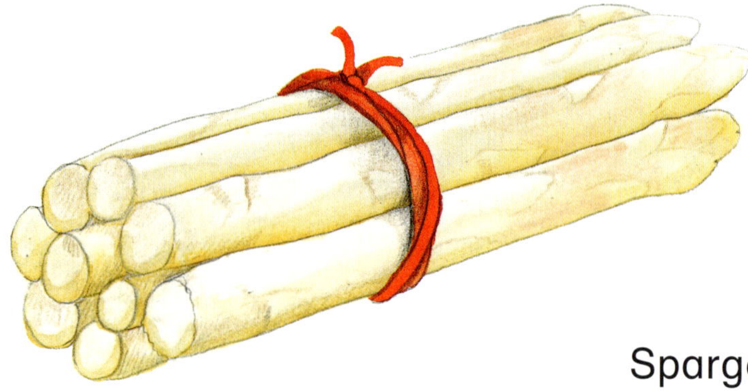

Spargel

Spatz

Spinne

Specht

Spiegel

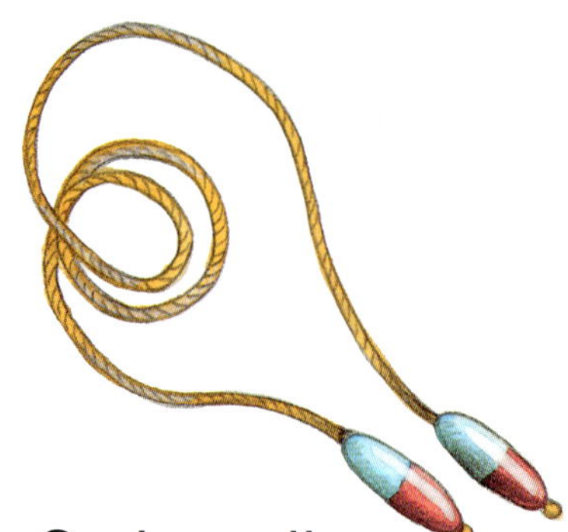

Springseil

Sportplatz
START
ZIEL

Stadt

Springbrunnen

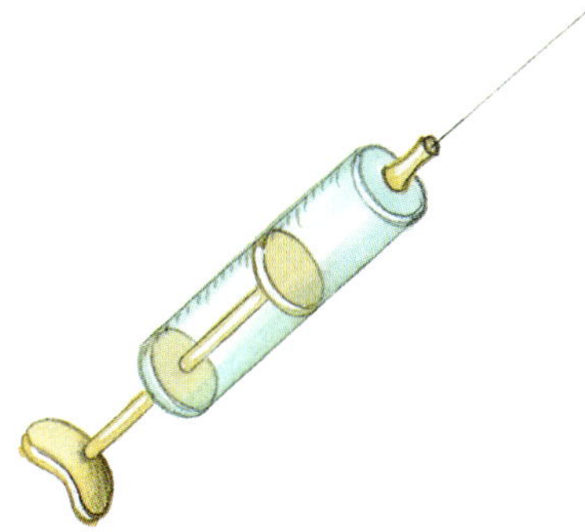

Spritze

Stachelbeere

Staubsauger

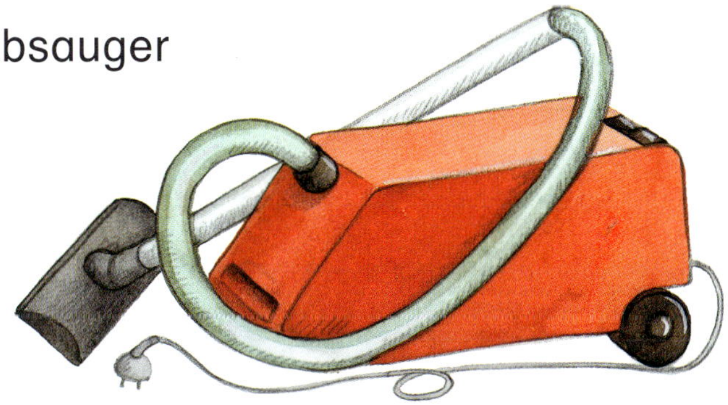

Spielplatz

Star

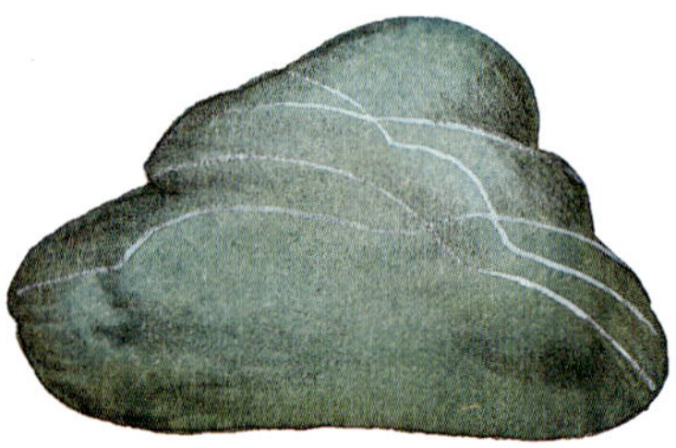

Stein

Stiefmütterchen

Storch

Sternbild

Streichhölzer

Strohhalm

Strand

Orangen-
Südafrika
Tomaten-
Marokko
Bananen
Kolumbien
Äpfel-
Neuseeland
Vollfrisch
Vollfrisch!
GEMÜSE
Orangen
Melonen
Äpfel
Auberginen
Gurken
Zwiebel
Bälle
Schoko
Kekse

Supermarkt

Straße

Stuhl

Straßenbahn

T

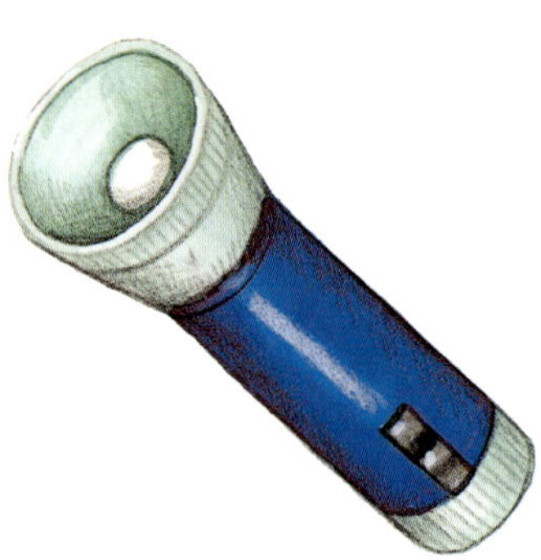

Taschenlampe

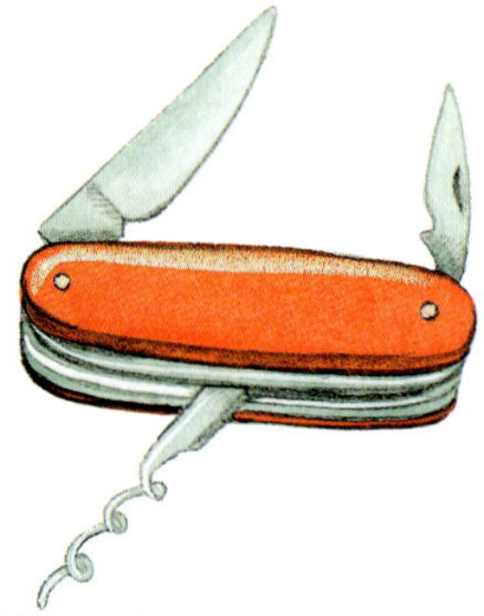

Taschenmesser

Tasse

Tasche

Tanne

Tag

Taube

Taxi

Tennisschläger
Tennisbälle

Taschentuch

Telefon

Teekanne

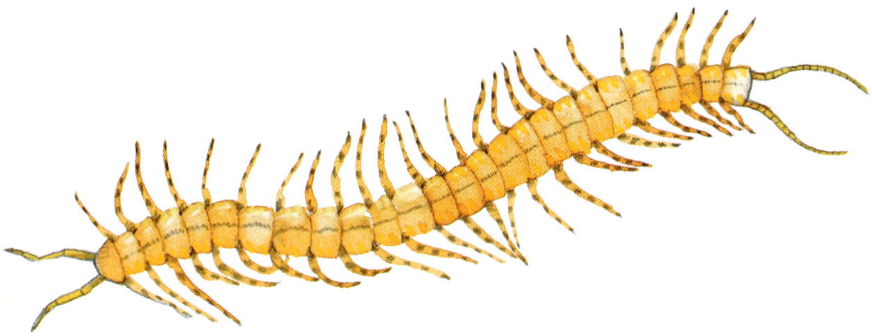

Tausendfüßler

Teppich

Teddybär

Teller

Tiger

Tisch

Tintenfisch

Tor

Tomate

Traktor

Toilette

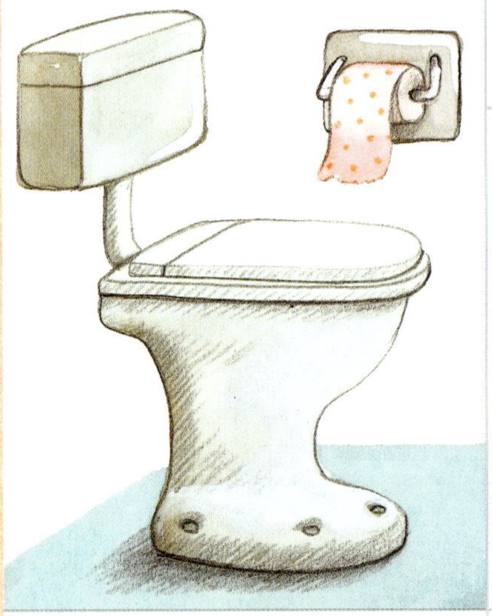

Trauben

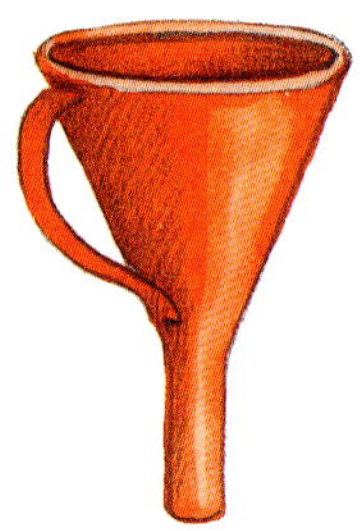

Trichter

Treppe

Topf

Trompete

Trommel

Tulpe

Tunnel

Turm

U

Uhr

Ungeheuer

Uhu

U-Boot

Urwald

V

Vogelscheuche

Vase

Vergissmeinnicht

Verkehrsschild

Vogelhäuschen

Vulkan

W

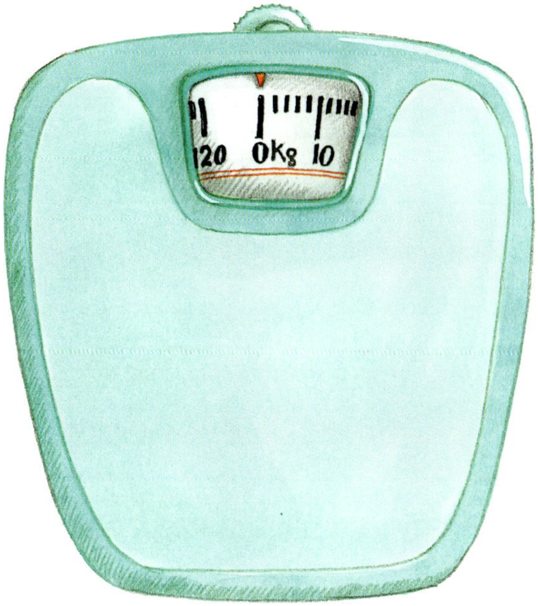

Waage

Wärmflasche

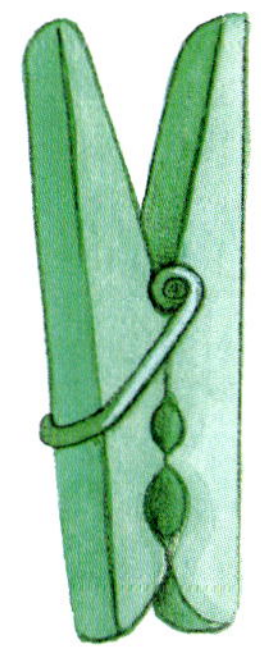

Wäscheklammer

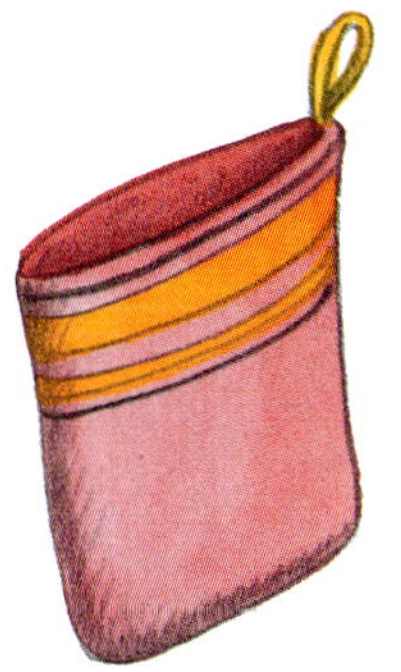

Waschlappen

Wal

Wald

Wecker

Werkzeug

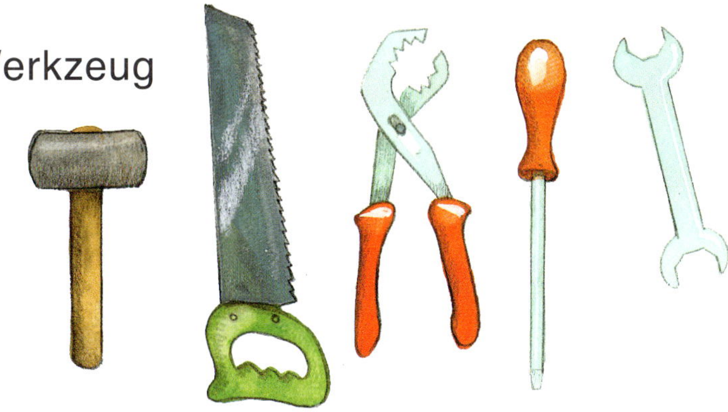

Wespe

Wegweiser

Windmühle

Wellensittiche

Weihnachten

Winter

Wildschweine

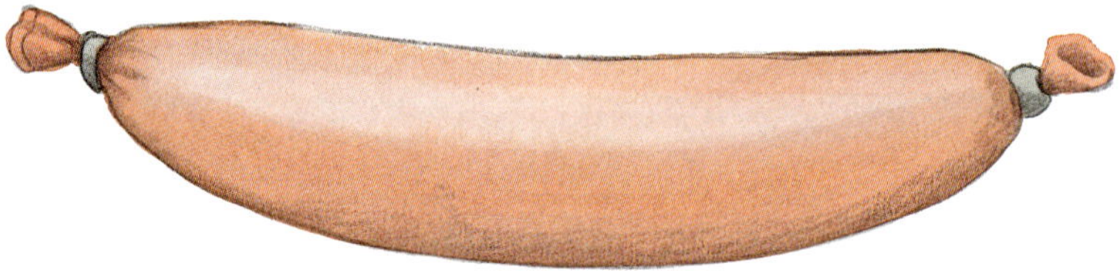

Wurst

Wolle

Würfel

Wolf

Wolken

Wiese

X Y Z

Zahn

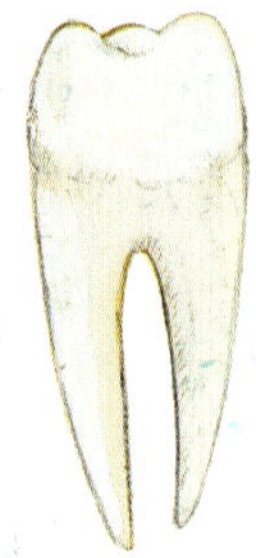

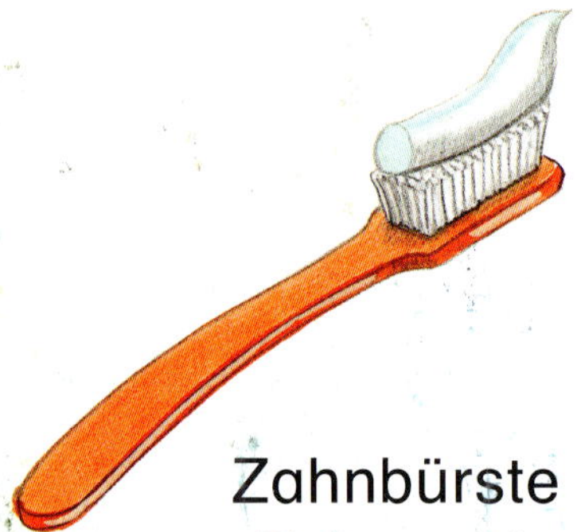

Zahnbürste
Zahnpasta

Zeitung

Zaun

Zebra

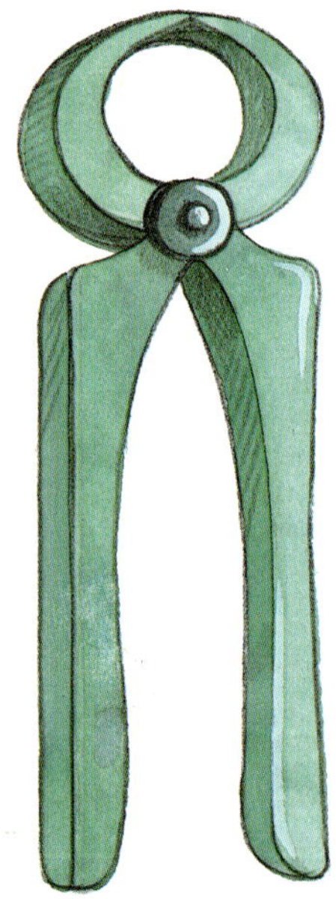

Zange

Zirkus

Zelt

Zitrone

Zwiebel

Zwerg

Ziege

Zwillinge

Zoo

A

der **Abend**, die Abende
der **Adler**, die Adler
der **Adventskranz**, die Adventskränze
der **Affe**, die Affen
die **Ameise**, die Ameisen
die **Ampel**, die Ampeln
die **Amsel**, die Amseln
die **Ananas**, die Ananas
der **Angler**, die Angler
die **Anglerin**, die Anglerinnen
der **Anker**, die Anker
der **Apfel**, die Äpfel
das **Aquarium**, die Aquarien
der **Arzt**, die Ärzte
die **Ärztin**, die Ärztinnen
der **Astronaut**, die Astronauten
die **Astronautin**, die Astronautinnen
der **Aufzug**, die Aufzüge
das **Auto**, die Autos
die **Axt**, die Äxte

B

das **Baby**, die Babys
die **Bäckerei**, die Bäckereien
das **Bad**, die Bäder
der **Bagger**, die Bagger
der **Bahnhof**, die Bahnhöfe
der **Ball**, die Bälle
das **Ballett**
die **Banane**, die Bananen
die **Bank**, die Bänke
der **Bär**, die Bären
der **Bauernhof**, die Bauernhöfe
der **Bauklotz**, die Bauklötze
der **Baum**, die Bäume
die **Baustelle**, die Baustellen
der **Berg**, die Berge
der **Besen**, die Besen
das **Bett**, die Betten
der **Biber**, die Biber
die **Biene**, die Bienen
die **Birne**, die Birnen
das **Blatt**, die Blätter
der **Blitz**, die Blitze
der **Blumenstrauß**, die Blumensträuße
der **Blumentopf**, die Blumentöpfe
die **Bohne**, die Bohnen
die **Bohrmaschine**, die Bohrmaschinen
das **Boot**, die Boote
die **Brennnessel**, die Brennnesseln
das **Brett**, die Bretter
der **Brief**, die Briefe
der **Briefkasten**, die Briefkästen
die **Briefmarke**, die Briefmarken
der **Briefträger**, die Briefträger
die **Briefträgerin**, die Briefträgerinnen
die **Brille**, die Brillen
die **Brombeere**, die Brombeeren
das **Brot**, die Brote
das **Brötchen**, die Brötchen
die **Brücke**, die Brücken
das **Buch**, die Bücher
der **Buchfink**, die Buchfinken
das **Bügeleisen**, die Bügeleisen
die **Burg**, die Burgen
das **Büro**, die Büros
der **Bus**, die Busse
die **Bushaltestelle**, die Bushaltestellen
die **Butter**
die **Butterblume**, die Butterblumen

C

das **Camping**
das **Chamäleon**, die Chamäleons
der **Chor**, die Chöre
der **Clown**, die Clowns
der **Computer**, die Computer
der **Cowboy**, die Cowboys
die **Creme**, die Cremes

D

das **Dach**, die Dächer
der **Dachs**, die Dachse
der **Delfin**, die Delfine
der **Dinosaurier**, die Dinosaurier
die **Distel**, die Disteln
das **Dorf**, die Dörfer
die **Dose**, die Dosen
der **Drache**, die Drachen
der **Drachen**, die Drachen
das **Dreieck**, die Dreiecke
das **Dreirad**, die Dreiräder

E

der **Edelstein**, die Edelsteine
der **Efeu**
das **Ei**, die Eier
die **Eichel**, die Eicheln
das **Eichhörnchen**, die Eichhörnchen
die **Eidechse**, die Eidechsen
der **Eimer**, die Eimer
das **Eis**
der **Eisbär**, die Eisbären
die **Eisenbahn**, die Eisenbahnen
der **Elefant**, die Elefanten
die **Elster**, die Elstern
die **Ente**, die Enten
die **Erbse**, die Erbsen
die **Erdbeere**, die Erdbeeren
die **Erde**
die **Erdnuss**, die Erdnüsse
die **Ernte**, die Ernten
der **Esel**, die Esel
das **Essen**, die Essen
die **Eule**, die Eulen

F

die **Fahne**, die Fahnen
das **Fahrrad**, die Fahrräder
die **Familie**, die Familien
das **Fass**, die Fässer

die **Fastnacht**
die **Feder,** die Federn
der **Federball,** die Federbälle
der **Federballschläger,**
die Federballschläger
das **Fenster,** die Fenster
das **Fernglas,** die Ferngläser
der **Fernseher,** die Fernseher
das **Feuer,** die Feuer
die **Feuerwehr**
das **Fieberthermometer,**
die Fieberthermometer
der **Fisch,** die Fische
die **Flasche,** die Flaschen
der **Flieder**
die **Fliege,** die Fliegen
die **Flöte,** die Flöten
der **Flughafen,** die Flughäfen
das **Flugzeug,** die Flugzeuge
der **Fluss,** die Flüsse
der **Fotoapparat,** die Fotoapparate
der **Friedhof,** die Friedhöfe
der **Friseur,** die Friseure
die **Friseurin,** die Friseurinnen
der **Frosch,** die Frösche
der **Frühling**
der **Fuchs,** die Füchse
der **Fußball,** die Fußbälle

G

die **Gabel,** die Gabeln
die **Gans,** die Gänse
das **Gänseblümchen,**
die Gänseblümchen
die **Garage,** die Garagen
der **Garten,** die Gärten
der **Geburtstag,** die Geburtstage
die **Geige,** die Geigen
das **Geld**
das **Geschenk,** die Geschenke
das **Getreide**
die **Gießkanne,** die Gießkannen
die **Giraffe,** die Giraffen
die **Gitarre,** die Gitarren
das **Glas,** die Gläser
die **Glocke,** die Glocken
die **Glockenblume,** die Glockenblumen
die **Glühbirne,** die Glühbirnen
das **Glühwürmchen,** die Glühwürmchen
der **Goldfisch,** die Goldfische
die **Grille,** die Grillen
die **Gurke,** die Gurken

H

das **Haar,** die Haare
der **Hafen,** die Häfen
die **Hagebutte,** die Hagebutten
der **Hahn,** die Hähne
der **Hammer,** die Hämmer
der **Hampelmann,** die Hampelmänner
der **Hamster,** die Hamster
der **Handschuh,** die Handschuhe
das **Handtuch,** die Handtücher
der **Hase,** die Hasen
die **Haselnuss,** die Haselnüsse
das **Haus,** die Häuser
die **Heidelbeere,** die Heidelbeeren
der **Herbst**
die **Heuschrecke,** die Heuschrecken
die **Hexe,** die Hexen
die **Himbeere,** die Himbeeren
der **Hirsch,** die Hirsche
der **Hobel,** die Hobel
das **Hochhaus,** die Hochhäuser
die **Hochzeit,** die Hochzeiten
der **Hubschrauber,** die Hubschrauber
das **Hufeisen,** die Hufeisen
das **Huhn,** die Hühner
die **Hummel,** die Hummeln
der **Hund,** die Hunde
der **Hut,** die Hüte
die **Hyazinthe,** die Hyazinthen

I

der **Igel,** die Igel
der **Indianer,** die Indianer
die **Insel,** die Inseln
die **Iris,** die Iris

J

die **Johannisbeere,**
die Johannisbeeren
das **Jo-Jo,** die Jo-Jos
der **Jongleur,** die Jongleure
die **Jongleurin,** die Jongleurinnen
das **Judo**

K

die **Kaffeemaschine,**
die Kaffeemaschinen
der **Kaktus,** die Kakteen
das **Kamel,** die Kamele
die **Kamille,** die Kamillen
der **Kamm,** die Kämme
der **Kanarienvogel,** die Kanarienvögel
das **Känguru,** die Kängurus
das **Kaninchen,** die Kaninchen
die **Karotte,** die Karotten
die **Kartoffel,** die Kartoffeln
das **Karussell,** die Karussells
der **Käse,** die Käse
das **Kasperletheater,**
die Kasperletheater
die **Kasse,** die Kassen
die **Kastanie,** die Kastanien
die **Katze,** die Katzen
die **Kerze,** die Kerzen
die **Kette,** die Ketten
das **Kind,** die Kinder
der **Kindergarten,** die Kindergärten
der **Kinderwagen,** die Kinderwagen
die **Kirche,** die Kirchen

die **Kirsche,** die Kirschen
das **Kissen,** die Kissen
die **Kiste,** die Kisten
das **Klavier,** die Klaviere
der **Klee**
der **Knoblauch**
der **Knochen,** die Knochen
der **Knopf,** die Knöpfe
der **Koffer,** die Koffer
der **Kohl**
die **Kokosnuss,** die Kokosnüsse
der **König,** die Könige
die **Königin,** die Königinnen
der **Kran,** die Kräne
das **Krankenhaus,** die Krankenhäuser
der **Krebs,** die Krebse
der **Kreis,** die Kreise
das **Krokodil,** die Krokodile
der **Krokus,** die Krokusse
die **Küche,** die Küchen
der **Kuchen,** die Kuchen
die **Kuh,** die Kühe
der **Kühlschrank,** die Kühlschränke

L

der **Lastwagen,** die Lastwagen
die **Laterne,** die Laternen
die **Leiter,** die Leitern
der **Leopard,** die Leoparden
der **Leuchtturm,** die Leuchttürme
die **Libelle,** die Libellen
die **Lilie,** die Lilien
der **Löffel,** die Löffel
die **Lokomotive,** die Lokomotiven
der **Löwe,** die Löwen
der **Löwenzahn**
der **Luftballon,** die Luftballons
das **Luftschiff,** die Luftschiffe
die **Lupe,** die Lupen
der **Lutscher,** die Lutscher

M

das **Maiglöckchen,**
die Maiglöckchen
der **Maikäfer,** die Maikäfer
der **Mais**
der **Maler,** die Maler
die **Malerin,** die Malerinnen
die **Mandel,** die Mandeln
die **Margerite,** die Margeriten
der **Marienkäfer,** die Marienkäfer
die **Marionette,** die Marionetten
der **Markt,** die Märkte
die **Maske,** die Masken
der **Maulwurf,** die Maulwürfe
der **Maurer,** die Maurer
die **Maurerin,** die Maurerinnen
die **Maus,** die Mäuse
das **Meerschweinchen,**
die Meerschweinchen
die **Melone,** die Melonen
das **Messer,** die Messer
der **Metzger,** die Metzger
die **Milch**
der **Mond**
der **Morgen**
das **Motorrad,** die Motorräder
die **Mücke,** die Mücken
das **Müllauto,** die Müllautos
die **Mülltonne,** die Mülltonnen
die **Muschel,** die Muscheln
die **Mütze,** die Mützen

N

die **Nacht,** die Nächte
die **Nachtigall,** die Nachtigallen
die **Nadel,** die Nadeln
der **Nagel,** die Nägel
das **Nashorn,** die Nashörner
die **Nelke,** die Nelken
das **Nest,** die Nester
der **Nikolaus,** die Nikolause
das **Nilpferd,** die Nilpferde
die **Nixe,** die Nixen
die **Nudel,** die Nudeln
die **Nuss,** die Nüsse
der **Nussknacker,** die Nussknacker

O

der **Ohrring,** die Ohrringe
die **Olive,** die Oliven
die **Oma,** die Omas
der **Opa,** die Opas
die **Orange,** die Orangen
der **Orang-Utan,** die Orang-Utans
das **Osterei,** die Ostereier
die **Osterglocke,** die Osterglocken

P

das **Paket,** die Pakete
die **Palme,** die Palmen
der **Papagei,** die Papageien
die **Paprika,** die Paprikas
der **Park,** die Parks
die **Petersilie**
die **Pfanne,** die Pfannen
der **Pfannkuchen,** die Pfannkuchen
der **Pfau,** die Pfauen
die **Pfeife,** die Pfeifen
das **Pferd,** die Pferde
der **Pfirsich,** die Pfirsiche
das **Pflaster,** die Pflaster
die **Pflaume,** die Pflaumen
der **Pilz,** die Pilze
der **Pinguin,** die Pinguine
der **Pinsel,** die Pinsel
der **Polizist,** die Polizisten
die **Polizistin,** die Polizistinnen
die **Pommes frites**
die **Post**
der **Pudding,** die Puddings
der **Pullover,** die Pullover
die **Puppe,** die Puppen
das **Puzzle,** die Puzzles

Q

das **Quadrat,** die Quadrate
die **Qualle,** die Quallen
der **Quark**
die **Quelle,** die Quellen
die **Quitte,** die Quitten

R

der **Rabe,** die Raben
das **Radieschen,** die Radieschen
das **Radio,** die Radios
die **Rakete,** die Raketen
die **Raupe,** die Raupen
das **Rechteck,** die Rechtecke
der **Regen**
der **Regenbogen,** die Regenbogen
der **Regenschirm,** die Regenschirme
der **Regenwurm,** die Regenwürmer
das **Reh,** die Rehe
der **Reißverschluss,**
die Reißverschlüsse
der **Reiter,** die Reiter
die **Reiterin,** die Reiterinnen
der **Rettungswagen,** die Rettungswagen
der **Riese,** die Riesen
der **Ritter,** die Ritter
der **Roboter,** die Roboter
der **Rollschuh,** die Rollschuhe
der **Rollstuhl,** die Rollstühle
die **Rose,** die Rosen
der **Rucksack,** die Rucksäcke
die **Rutschbahn,** die Rutschbahnen

S

der **Sack,** die Säcke
die **Säge,** die Sägen
der **Salat,** die Salate
das **Schaf,** die Schafe
der **Schäfer,** die Schäfer
die **Schäferin,** die Schäferinnen
der **Schal,** die Schals
die **Schaufel,** die Schaufeln
die **Schaukel,** die Schaukeln
das **Schaukelpferd,** die Schaukelpferde
die **Schere,** die Scheren
das **Schiff,** die Schiffe
die **Schildkröte,** die Schildkröten
die **Schlange,** die Schlangen
die **Schleife,** die Schleifen
der **Schlitten,** die Schlitten
der **Schlittschuh,** die Schlittschuhe
das **Schloss,** die Schlösser
der **Schlüssel,** die Schlüssel
der **Schmetterling,** die Schmetterlinge
die **Schnecke,** die Schnecken
das **Schneeglöckchen,**
die Schneeglöckchen
der **Schneemann,** die Schneemänner
der **Schnittlauch**
die **Schokolade**
der **Schornstein,** die Schornsteine
der **Schornsteinfeger,**
die Schornsteinfeger
die **Schornsteinfegerin,**
die Schornsteinfegerinnen
der **Schrank,** die Schränke
die **Schranke,** die Schranken
die **Schraube,** die Schrauben
der **Schraubendreher,**
die Schraubendreher
die **Schubkarre,** die Schubkarren
die **Schulklasse,** die Schulklassen
die **Schüssel,** die Schüsseln
die **Schwalbe,** die Schwalben
der **Schwamm,** die Schwämme
der **Schwan,** die Schwäne
das **Schwein,** die Schweine
das **Schwimmbad,** die Schwimmbäder
der **See,** die Seen
der **Seehund,** die Seehunde
das **Seepferdchen,** die Seepferdchen

die **Seerose,** die Seerosen
der **Seestern,** die Seesterne
das **Segelboot,** die Segelboote
die **Seife,** die Seifen
die **Seifenblase,** die Seifenblasen
die **Seilbahn,** die Seilbahnen
der **Sessel,** die Sessel
das **Sieb,** die Siebe
das **Skateboard,** die Skateboards
der **Ski,** die Skier
das **Sofa,** die Sofas
der **Sommer,** die Sommer
die **Sonnenblume,** die Sonnenblumen
die **Sparbüchse,** die Sparbüchsen
der **Spargel,** die Spargel
der **Spaten,** die Spaten
der **Spatz,** die Spatzen
der **Specht,** die Spechte
der **Spiegel,** die Spiegel
der **Spielplatz,** die Spielplätze
die **Spinne,** die Spinnen
der **Sportplatz,** die Sportplätze
der **Springbrunnen,** die Springbrunnen
das **Springseil,** die Springseile
die **Spritze,** die Spritzen
die **Stachelbeere,** die Stachelbeeren
die **Stadt,** die Städte
der **Star,** die Stare
der **Staubsauger,** die Staubsauger
der **Stein,** die Steine
das **Sternbild,** die Sternbilder
das **Stiefmütterchen,**
die Stiefmütterchen
der **Storch,** die Störche
der **Strand,** die Strände
die **Straße,** die Straßen
die **Straßenbahn,** die Straßenbahnen
das **Streichholz,** die Streichhölzer
der **Strohhalm,** die Strohhalme
der **Stuhl,** die Stühle
der **Supermarkt,** die Supermärkte

T

der **Tag,** die Tage
die **Tankstelle,** die Tankstellen
die **Tanne,** die Tannen
die **Tasche,** die Taschen
die **Taschenlampe,** die Taschenlampen
das **Taschenmesser,**
die Taschenmesser
das **Taschentuch,** die Taschentücher
die **Tasse,** die Tassen
die **Taube,** die Tauben
der **Tausendfüßler,** die Tausendfüßler
das **Taxi,** die Taxis
der **Teddybär,** die Teddybären
die **Teekanne,** die Teekannen
das **Telefon,** die Telefone
der **Teller,** die Teller
der **Tennisball,** die Tennisbälle
der **Tennisschläger,** die Tennisschläger
der **Teppich,** die Teppiche
der **Tiger,** die Tiger
der **Tintenfisch,** die Tintenfische
der **Tisch,** die Tische
die **Toilette,** die Toiletten
die **Tomate,** die Tomaten
der **Topf,** die Töpfe
das **Tor,** die Tore
der **Traktor,** die Traktoren
die **Traube,** die Trauben
die **Treppe,** die Treppen
der **Trichter,** die Trichter
die **Trommel,** die Trommeln
die **Trompete,** die Trompeten
die **Tulpe,** die Tulpen
der **Tunnel,** die Tunnel
der **Turm,** die Türme

U

das **U-Boot,** die U-Boote
die **Uhr,** die Uhren
der **Uhu,** die Uhus
das **Ungeheuer,** die Ungeheuer
der **Urwald,** die Urwälder

V

die **Vase,** die Vasen
das **Vergissmeinnicht**
das **Verkehrsschild,**
die Verkehrsschilder
das **Vogelhäuschen,** die Vogelhäuschen
die **Vogelscheuche,**
die Vogelscheuchen
der **Vulkan,** die Vulkane

W

die **Waage,** die Waagen
der **Wal,** die Wale
der **Wald,** die Wälder
die **Wärmflasche,** die Wärmflaschen
die **Wäscheklammer,**
die Wäscheklammern
der **Waschlappen,** die Waschlappen
der **Wecker,** die Wecker
der **Wegweiser,** die Wegweiser
das **Weihnachten,** die Weihnachten
der **Wellensittich,** die Wellensittiche
das **Werkzeug,** die Werkzeuge
die **Wespe,** die Wespen
die **Wiese,** die Wiesen
das **Wildschwein,** die Wildschweine
die **Windmühle,** die Windmühlen
der **Winter,** die Winter
der **Wolf,** die Wölfe
die **Wolke,** die Wolken
die **Wolle**
der **Würfel,** die Würfel
die **Wurst,** die Würste

X

Y

Z

der **Zahn,** die Zähne
die **Zahnbürste,** die Zahnbürsten
die **Zahnpasta**
die **Zange,** die Zangen
der **Zaun,** die Zäune
das **Zebra,** die Zebras
die **Zeitung,** die Zeitungen
das **Zelt,** die Zelte
die **Ziege,** die Ziegen
der **Zirkus,** die Zirkusse
die **Zitrone,** die Zitronen
der **Zoo,** die Zoos
der **Zwerg,** die Zwerge
die **Zwiebel,** die Zwiebeln
der **Zwilling,** die Zwillinge

N

S

R

P

O

T

Q